Stefanie Drecktrah · Mareike Hahn

Diktate mit Rico Schnabel 2

Selbstständig Diktate, Rechtschreibung
und Grundwortschatz trainieren

Name: ______________________________

Klasse: ____________

Mildenberger

Zum Inhalt und zur Arbeit mit Diktate mit Rico Schnabel 2

30 Texte mit den orthografischen Phänomenen sowie den Wörtern aller verbindlichen Grundwortschätze

Diktate mit Rico Schnabel 2 enthält 30 Texte, mit denen du selbstständig Diktate üben kannst.
Die Schwierigkeit und die Wörteranzahl ähnelt den Diktaten, die du von der Schule her kennst. Die 30 Texte thematisieren die Rechtschreibphänomene und einige Wörter der verbindlichen Grundwortschätze. Auf diese Weise können sowohl die Rechtschreibphänomene als auch die Wörter der Grundwortschätze *im Satzkontext* trainiert und gefestigt werden. Weitere Informationen findest du auf www.rico-schnabel.de.

In jedem Text sollst du bestimmte Wörter unterstreichen. Die Lösungen dazu findest du auf der Webseite, die du über den QR-Code erreichst. Du kannst die Lösungen aber auch über diesen Link finden: www.mbverlag.de/2200-45.

Als zusätzliche Unterstützung haben wir schwierige Wörter der einzelnen Texte gesondert auf S. 64 aufgeführt. Diese darfst du immer zu Hilfe nehmen.

So verwendest du Diktate mit Rico Schnabel 2

Wir haben **Diktate mit Rico Schnabel 2** so gestaltet, dass möglichst alle Kinder damit gewinnbringend arbeiten können. Es gibt mehrere Möglichkeiten, wie du **Diktate mit Rico Schnabel 2** verwenden kannst:

1.) Lass dir den Text durch die Audiodateien diktieren (empfohlen)

Über den QR-Code auf den Textseiten (oder über den Link auf dieser Seite) gelangst du auf die **Rico-Schnabel-Diktate-Webseite** unseres Verlags. Dort findest du zu jedem Text (neben den Lösungen für Aufgabe 1) vier Audiodateien: Die Dateien „Version 1“, „Version 2“ und „Version 3“ enthalten immer den gleichen Text. In jeder der drei Dateien wird dir der Text aber anders vorgelesen. Du benötigst alle 3 Dateien.
In der Datei „Erklärung“ erfährst du noch einmal, in welcher Reihenfolge du dir die Texte vorlesen lassen sollst.

Öffne immer zuerst die „Version 1“, dann „Version 2“ und danach „Version 3“.

- **In Version 1 wird dir der gesamte Text komplett und ohne Pause einmal vorgelesen.**
- **In Version 2 wird dir der gesamte Text stückweise diktiert. Zuerst wird dir der ganze Satz vorgelesen und dann derselbe Satz in kleineren Stücken mit Pausen dazwischen diktiert. Schreibe mit, sobald das Diktat in kleineren Stücken mit Pausen vorgelesen wird. Wenn es dir zu schnell geht, kannst du auch die Pause-Taste verwenden, um das Vorlesen zu unterbrechen.**
  Daraufhin wird dir der nächste Satz auf dieselbe Weise vorgelesen.
- **In Version 3 wird dir der komplette Text noch einmal vorgelesen, sodass du Korrekturen machen und überprüfen kannst, ob du alles geschrieben hast.**

2.) Lass dir den Text von jemand anderem diktieren

Der Text sollte in der gleichen Reihenfolge und in der gleichen Weise wie in 1.) vorgelesen werden.
Langsam und deutlich sprechen und Satzzeichen mitdiktieren.

3.) Eigenständige Bearbeitung als Abdeckdiktat

Du kannst auch alleine mit diesem Heft arbeiten. Decke dafür zuerst den Text auf der linken Seite ab. Decke danach den Text Stück für Stück auf und schreibe ihn auf die rechte Seite. Die hellgrauen Striche in den Texten zeigen dir, wie weit du den Text mindestens aufdecken kannst.

Selbsteinschätzung

Sobald du das ganze Diktat geschrieben hast, kannst du deinen Text überprüfen. Vergleiche ihn dafür mit dem Text auf der linken Seite. Hast du Fehler gefunden? Das ist nicht schlimm, denn alle machen mal Fehler. Versuche das Diktat dann einfach später noch einmal.

Auf der rechten Seite ganz unten kannst du mit deiner Fehlerzahl prüfen, wie geübt du schon bist und wie du dich geschlagen hast. Wenn du im Bereich ☹ ☹ gelandet bist, übe weiter und versuche das Diktat später noch einmal.

Inhaltsverzeichnis

1 Unterstreiche in den Sätzen alle **Nomen**. Erinnere dich:

Nomen benennen Menschen, Tiere, Pflanzen und Dinge.
Manche Nomen benennen auch Gefühle und anderes, was wir nicht berühren können. **Nomen** schreibt man **immer groß**.
Beispiel: das Sofa

2 Lass dir den Text diktieren. Du kannst aber auch über den Text ein Blatt Papier legen und ihn dann Stück für Stück aufdecken und abschreiben.

Die Feder des Raben |

Borat ist mit Mama | und Oma | auf dem Hof. |
Das Kind | malt Bilder | mit Hunden | und Hasen |
in den Sand. |
Mama hängt Hemden | in bunten Farben auf. |
Oma schaut | die Wolken an. |
Wird es | Regen geben? |
Im Garten nebenan | sind Enten. |
Borat will ihnen Brot | aus dem Korb geben. |
Das lockt Raben an. |
Da findet Borat | eine Feder. |
Mama steckt sie | zu den Blumen.

Anzahl der Fehler im Diktat: 0–3 ☺☺ 4–6 ☺😐 7–9 😐☹ mehr als 10 ☹☹

1 Unterstreiche in den Sätzen alle **zusammengesetzten Nomen (Komposita)**. Erinnere dich:

Zusammengesetzte Nomen (Komposita) können aus **zwei Nomen** bestehen. Das hintere Nomen (Grundwort) legt dabei den Artikel fest. Beispiel: der Vogel + **das** Nest → **das** Vogelnest

2 Lass dir den Text diktieren. Du kannst aber auch über den Text ein Blatt Papier legen und ihn dann Stück für Stück aufdecken und abschreiben.

Das Kinderfest |

In meinem Heimatort | feiern alle |
ein Kinderfest. | Es findet | kurz vor |
den Sommerferien statt. | Alle Schulklassen |
der Grundschulen | kommen zusammen. |
Mit Musikgruppen | ziehen alle Schulkinder |
auf den Marktplatz. | Auf der Festbühne |
werden viele | Kinderlieder gesungen. |
Aber auch Tanzgruppen | führen etwas vor. |
Die Bürgermeisterin | mit der Goldkette |
begrüßt alle. | Später laufen wir |
in die Stadthalle. | Danach gehen alle wieder |
in ihre Schulhäuser. | Dort gibt es dann |
Laugenbrezeln | und kleine Geschenke.

Zusammengesetzte Nomen (Komposita)

Anzahl der Fehler im Diktat: 0–3 ☺☺ 4–6 ☺😐 7–9 😐☹ mehr als 10 ☹☹

1 Unterstreiche in den Sätzen alle **Nomen mit Doppelkonsonanten**. Erinnere dich:

Das Klatschen der Silben hilft dir dabei, den **Doppelkonsonanten** zu hören.
Einsilbige Wörter: Sucht man ein verwandtes Wort mit zwei Silben, kann man beim Sprechen den **Doppelkonsonanten** hören.
Beispiel: fet-tig → Fett
Zweisilbige Wörter: Entfernt man die Signalendung und sucht sich ein verwandtes Wort mit zwei Silben, kann man den **Doppelkonsonanten** beim Sprechen hören. Beispiel: sam-meln → Sammlung

2 Lass dir den Text diktieren. Du kannst aber auch über den Text ein Blatt Papier legen und ihn dann Stück für Stück aufdecken und abschreiben.

Im Zoo |

Es ist Donnerstag. | Nele und Jan |
fahren mit der Klasse | in den Zoo. |
Vor der Kasse | stehen viele Busse. |
Der Himmel ist blau | und die Blätter |
sind grün. | Das Wetter | ist fabelhaft. |
Jan freut sich | auf die Affen. |
Aber ganz besonders | freut er sich |
auf die Gorillas. | Nele will | Giraffen sehen. |
Aber erst einmal | gehen alle | zu den Fischen. |
Im Wasser glitzern | die Schuppen | der Fische |
in vielen Farben. | Es gibt auch Krabben |
und Quallen | zu sehen. |
Den Kindern | gefällt es hier.

Wörter mit Doppelkonsonanten: Nomen

Anzahl der Fehler im Diktat: 0–3 ☺☺ 4–6 ☺😐 7–9 😐☹ mehr als 10 ☹☹

Wörter mit Doppelkonsonanten: Verben

1 Unterstreiche in den Sätzen alle **Verben mit Doppelkonsonanten**.
Achte auf Verbklammern: „Wir stellen etwas auf." (Verb: aufstellen)
Erinnere dich:

> Das Klatschen der Silben hilft dir dabei, den **Doppelkonsonanten** zu hören.
> Einsilbige Wörter: Sucht man ein verwandtes Wort mit zwei Silben, kann man beim Sprechen den **Doppelkonsonanten** hören.
> Beispiel: hof-fen → sie hofft
> Zweisilbige Wörter: Entfernt man die Signalendung und sucht sich ein verwandtes Wort mit zwei Silben, kann man den **Doppelkonsonanten** beim Sprechen hören. Beispiel: Ret-tung → ret-ten

2 Lass dir den Text diktieren. Du kannst aber auch über den Text ein Blatt Papier legen und ihn dann Stück für Stück aufdecken und abschreiben.

Kira im Campingsee |

Wir stellen | unser Zelt auf | und rollen |
unsere Schlafsäcke aus. | Dann klappen wir |
die Stühle auf. | Papa will jetzt kochen. |
Er bestimmt: | „Damit wir | gleich essen können, |
brauche ich Ruhe. | Geht mit Kira | zum See! |
Lasst sie | aber nicht schwimmen!" |
Wir rennen | mit der Hündin los. |
Doch kaum bekommt Kira | den See zu sehen, |
lässt sie sich hineinfallen. | Sie kommt zwar |
gleich wieder heraus, | rollt sich aber noch |
über den Rasen. | Wir hätten die Leine |
nicht loslassen sollen.

Wörter mit Doppelkonsonanten: Verben

Anzahl der Fehler im Diktat: 0–3 ☺☺ 4–6 ☺😐 7–9 😐☹ mehr als 10 ☹☹

1 Unterstreiche in den Sätzen alle **Wörter mit Doppelkonsonanten**.
Erinnere dich:

Das Klatschen der Silben hilft dir dabei, den **Doppelkonsonanten** zu hören.
Einsilbige Wörter: Sucht man ein verwandtes Wort mit zwei Silben, kann man beim Sprechen den **Doppelkonsonanten** hören.
Beispiel: fet-tig → fe**tt**
Zweisilbige Wörter: Entfernt man die Signalendung und sucht sich ein verwandtes Wort mit zwei Silben, kann man den **Doppelkonsonanten** beim Sprechen hören. Beispiel: sa**m**-**m**eln → Sa**mm**lung

2 Lass dir den Text diktieren. Du kannst aber auch über den Text ein Blatt Papier legen und ihn dann Stück für Stück aufdecken und abschreiben.

Der Einkauf |

Es ist Mittwochmittag | und ich bin |
in meinem Zimmer. | Meine Mutter klopft |
an der Tür | und bittet mich, | einzukaufen: |
„Wir brauchen noch | Butter, | Kartoffeln |
und Haselnüsse | für das Essen heute. |
Kannst du auch | flüssige Seife mitbringen?“ |
Ich brumme kurz, | mache es | aber gerne. |
An der Kasse | arbeitet Herr Müller. | Er ist |
immer nett | zu allen. | Wir sagen uns Hallo. |
Er tippt schnell alles | in die Kasse ein. |
Als ich | nach Hause komme, | lobt mich |
meine Mutter: | „Toll, | ich danke dir!“

Wörter mit Doppelkonsonanten: Gemischte Wortarten

Anzahl der Fehler im Diktat: 0–3 ☺☺ 4–6 ☺😐 7–9 😐☹ mehr als 10 ☹☹

1 Unterstreiche in den Sätzen alle Wörter mit **ck** gelb und alle Wörter mit **tz** grün. Erinnere dich:

Man schreibt **ck** und **tz** meist nach einem kurzen Vokal.
Beispiel: der Sa**ck**, der Spa**tz**

2 Lass dir den Text diktieren. Du kannst aber auch über den Text ein Blatt Papier legen und ihn dann Stück für Stück aufdecken und abschreiben.

Dick eingepackt |

Als Mila morgens | vom Wecker | geweckt wird |
und müde | aus dem Fenster guckt, |
erschrickt sie: | Nachts hat es |
wie verrückt geschneit. | Alles ist weiß |
und die Hecke | sieht aus, | als würde |
ganz dick | Puderzucker auf ihr liegen. |
Die braune Katze | sitzt geschützt |
auf ihrem Platz darunter | und putzt sich |
die Tatzen. | Mila wird | dick eingepackt: |
Sie trägt | dicke Socken, | eine dicke Jacke |
und natürlich | eine Mütze, | einen Schal |
und dicke Handschuhe. | Mit der Tasche |
auf dem Rücken | wackelt sie | zur Schule.

Anzahl der Fehler im Diktat: 0–3 ☺☺ 4–6 ☺😐 7–9 😐☹ mehr als 10 ☹☹

1 Unterstreiche in den Sätzen alle Wörter mit **Pf/pf**. Erinnere dich:

Ob du in der Mitte eines Wortes **pf** schreibst, kannst du hören, wenn du die Silben trennst. Beispiel: hü**p**-fen, Tro**p**-fen.
Bei einsilbigen Wörtern kann es dir helfen, die Wörter zu verlängern.
Beispiel: er hü?t → hü**pf**en → er hü**pf**t
Wann du am Wortanfang **Pf** oder **pf** schreiben musst, solltest du dir merken.

2 Lass dir den Text diktieren. Du kannst aber auch über den Text ein Blatt Papier legen und ihn dann Stück für Stück aufdecken und abschreiben.

Große Pause |

Herr Pfeffer | hat Aufsicht. | Er pfeift | ein Lied, |
während er | den Knopf | am Mantel zumacht. |
Hier vorn | spielen einige Kinder |
mit einem Hüpfball. | Dort hinten |
gibt es | einen Anpfiff | für ein Fußballspiel. |
Manche Kinder essen. | Als Bruno dann |
einen Pfirsich hervorholt, | bemerkt Lena: |
„Bei mir gibt es | nur Äpfel." |
„Selbst gepflückte Äpfel", | ergänzt Amari. |
Lenas Familie | hat einen großen Garten |
mit Bäumen, | Nutzpflanzen | und sogar |
mit Pferden. | „Manchmal wäre | eine Pflaume |
auch lecker," | meint Lena. |
„Tauschen wir?" | schlägt Bruno vor.

Anzahl der Fehler im Diktat: 0–3 ☺☺ 4–6 ☺😐 7–9 😐☹ mehr als 10 ☹☹

1 Unterstreiche in den Sätzen alle Wörter mit **ch**, aber nicht die Wörter mit sch. Achte auf Verbklammern: „Wir <u>machen</u> etwas <u>an</u>." (Verb: anmachen) Erinnere dich:

> Wörter mit **ch** werden unterschiedlich ausgesprochen.
> Manchmal ist das **ch** weich wie in „Mil**ch**". Beispiel: die Fi**ch**te
> Manchmal ist das **ch** rau wie in „Da**ch**". Beispiel: der Strau**ch**

2 Lass dir den Text diktieren. Du kannst aber auch über den Text ein Blatt Papier legen und ihn dann Stück für Stück aufdecken und abschreiben.

Fehlalarm |

Als ich | mitten in der Nacht aufwache, |
rieche ich Rauch. | Ich schrecke hoch, |
mache das Licht an | und rechne |
mit einem Feuer | in der Küche. |
Dort sehe ich | meine Eltern |
mit hochroten Köpfen. |
Lachend beichten sie, | dass sie | noch spät |
Marmelade kochen wollten. | Im Eisfach |
waren zu viele Früchte. | Doch alles |
ist leicht angebrannt. | Vielleicht versuchen sie |
beim nächsten Mal, | die pürierten Früchte |
nur mit Milch | zu mischen.

Anzahl der Fehler im Diktat: 0–3 ☺☺ 4–6 ☺😐 7–9 😐☹ mehr als 10 ☹☹

1 Unterstreiche in den Sätzen alle Wörter mit **Sp/sp** gelb und alle Wörter mit **St/st** grün. Erinnere dich:

Wörter mit **Sp/sp** werden zwar „schp“ gesprochen, aber nur mit **Sp/sp** geschrieben. Beispiel: der **Sp**ort, **sp**ielen
Wörter mit **St/st** werden zwar „scht“ gesprochen, aber nur mit **St/st** geschrieben. Beispiel: der **St**ein, **st**olz

2 Lass dir den Text diktieren. Du kannst aber auch über den Text ein Blatt Papier legen und ihn dann Stück für Stück aufdecken und abschreiben.

Der Sternenflug | der Spinne |

Schon seit einer Stunde | stehen wir |
in der Schlange | für die Achterbahn. |
Wir sollten | Onkel Stefan versprechen, |
still zu sein, | aber uns | wird es langweilig. |
Wir schauen uns | die Steine, | die Sträucher |
und die Blumensträuße an, | die neben |
der Warteschlange stehen. | Wir spielen |
und stellen uns vor, | einen Spaziergang |
mit Ameisen | zu machen. |
Endlich dürfen wir rein. | Eine Stimme spricht |
von der Weltraumspinne. | Hätten wir uns |
das Anstehen | sparen sollen | oder wird es |
eine spannende Fahrt?

Anzahl der Fehler im Diktat: 0–3 ☺☺ 4–6 ☺😐 7–9 😐☹ mehr als 10 ☹☹

1 Unterstreiche in den Sätzen alle Wörter mit **ng** gelb und alle Wörter mit **nk** grün. Erinnere dich:

Bei Wörtern mit **ng** und **nk** hilft es dir oft, wenn du die Wörter in Silben zerlegst und sie dann in Silben sprichst. Beispiel: de**n**-**k**en, fa**n**-**g**en

2 Lass dir den Text diktieren. Du kannst aber auch über den Text ein Blatt Papier legen und ihn dann Stück für Stück aufdecken und abschreiben.

Spieleabend |

Oma Monika | und Onkel Udo | sind bei uns |
zu Besuch. | Sie bringen Kuchen |
und kleine Geschenke mit. | Wir sitzen |
auf der Küchenbank, | trinken Kakao |
und spielen gemeinsam. | Mein Bruder |
will das Anglerspiel | oder das Spiel |
mit dem Schmetterling | aus dem |
dunklen Schrank holen. | Mein Onkel |
möchte mit dem Spiel | mit Hütchen anfangen. |
Oma Monika | fällt der Name | des Spiels |
mit der Klingel | nicht ein. | Ich würde lieber |
ein Denkspiel | oder Finger-Fußball spielen. |
Als mein Bruder | das Schlangenspiel holt, |
sind alle zufrieden.

Anzahl der Fehler im Diktat: 0–3 ☺☺ 4–6 ☺😐 7–9 😐☹ mehr als 10 ☹☹

1 Unterstreiche in den Sätzen alle Nomen, die auf **d** oder **t** enden gelb, die auf **g** oder **k** enden grün und die auf **b** oder **p** enden rot. Erinnere dich:

Wenn du das Wort verlängerst, kannst du besser hören, ob du **d** oder **t**, **g** oder **k** sowie **b** oder **p** schreiben musst. Beispiel: Ban? → Bän**der** → Ban**d**; Bur? → Bur**gen** → Bur**g**; Die? → Die**be** → Die**b**

2 Lass dir den Text diktieren. Du kannst aber auch über den Text ein Blatt Papier legen und ihn dann Stück für Stück aufdecken und abschreiben.

Ein Märchen |

Es war einmal | ein König, | der alles hatte: |
einen Korb mit Geld, | Hunde und Pferde, |
ein Bad aus Gold, | schöne Kleider |
und teure Ringe | an der Hand. |
Aber er war allein. | Eines Tages | aß er allein |
im Nachthemd | zu Abend. | Er wollte sich gerade |
etwas Brot | in den Mund stecken, |
da hörte er | wunderbare Musik |
in seiner Burg. | Er folgte den Tönen |
und sah ein Kind, | das Flöte spielte. |
Die Musik tröstete | den König. |
Nach dieser Nacht | hatte er | einen Freund.

Anzahl der Fehler im Diktat: 0–3 ☺☺ 4–6 ☺😐 7–9 😐☹ mehr als 10 ☹☹

1 Unterstreiche in den Sätzen alle Nomen und Verben, die auf **d** oder **t** enden gelb, die auf **g** oder **k** enden grün und die auf **b** oder **p** enden rot. Erinnere dich:

Wenn du das Wort verlängerst, kannst du besser hören, ob du **d** oder **t**, **g** oder **k** sowie **b** oder **p** schreiben musst. Beispiel: er ma? → mö**g**en → er ma**g**; er blei?t → blei**b**en → er blei**b**t; er lo? → lü**g**en → er lo**g**

2 Lass dir den Text diktieren. Du kannst aber auch über den Text ein Blatt Papier legen und ihn dann Stück für Stück aufdecken und abschreiben.

Frau Rose |

Daniel mag | seine Lehrerin Frau Rose. |
Er fand sie | schon als Kind toll | und dachte, |
dass sie | allwissend sein muss. | Sie war |
sein Vorbild. | Das lag aber | nicht nur daran, |
dass sie klug war: | Für seine | erste gute Note |
gab sie ihm damals | ein großes Lob. |
Sie schrieb | ihm manchmal | kleine Sätze |
unter seine Hausaufgaben, | wie zum Beispiel: |
„Gib dir Mühe | und frag mich viel, | dann wird |
der Erfolg kommen!“

Auslautverhärtung: Nomen, Verben, d/t, g/k, b/p, verlängern

Anzahl der Fehler im Diktat: 0–3 ☺☺ 4–6 ☺😐 7–9 😐☹ mehr als 10 ☹☹

1 Unterstreiche in den Sätzen alle Nomen, Verben und Adjektive, die auf **d** oder **t** enden gelb, die auf **g** oder **k** enden grün und die auf **b** oder **p** enden rot. Unterstreiche nicht das Wort „nicht“. Erinnere dich:

Wenn du das Wort verlängerst, kannst du besser hören, ob du **d** oder **t**, **g** oder **k** sowie **b** oder **p** schreiben musst. Beispiel: Ban? → Bän**d**er → Ban**d**; er ma? → mö**g**en → er ma**g**; frem? → eine frem**d**e Katze → frem**d**

2 Lass dir den Text diktieren. Du kannst aber auch über den Text ein Blatt Papier legen und ihn dann Stück für Stück aufdecken und abschreiben.

Die Verwechslung |

Hugo spielte | mit seinem Ball | auf einer Wiese. |
Der Ball | war gelb, | rund und neu. | Auf einmal |
flog der Ball | in ein Gebüsch. | Hugo schob |
die Äste zur Seite | und suchte. | Plötzlich kam |
ein Hund, | der ihm fremd war. | Der bellte laut. |
Ein Mann kam dazu: | „Luna ist lieb! |
Die tut nichts!“ | Der Mann | hob einen Ball auf. |
Doch dieser | war bunt, | alt | und wog viel mehr. |
Das war nicht | Hugos Ball! | Da fand Hugo |
seinen Ball | auf einem Ast darüber.

Auslautverhärtung: Gemischte Wortarten, d/t, g/k, b/p, verlängern

Anzahl der Fehler im Diktat: 0–3 ☺ ☺ 4–6 ☺ 😐 7–9 😐 ☹ mehr als 10 ☹ ☹

1 Unterstreiche in den Sätzen alle Wörter mit **ß**. Erinnere dich:

Wir schreiben oft ein Wort mit **ß**, wenn der Vokal (Selbstlaut) oder der Umlaut davor lang gesprochen wird oder wenn ein Diphtong (Zwielaut) davorsteht. Beispiel: Fu**ß**, Grö**ß**e, Flei**ß**

2 Lass dir den Text diktieren. Du kannst aber auch über den Text ein Blatt Papier legen und ihn dann Stück für Stück aufdecken und abschreiben.

Die Wanderung |

Kim war gestern | mit ihren Eltern wandern. |
Ihre Füße schmerzten | und fühlten sich |
heiß an. | Außerdem waren | ihre weißen Schuhe |
mittlerweile grau | vom Staub. | Es wurde Zeit |
für eine Pause. | Jetzt saßen sie zusammen |
an einem kleinen Bach, | aßen Brote |
und tranken | süße Limo. | Die Füße |
kühlten im Wasser. | Kim überlegte, |
wie die Blumen hießen, | die dort wuchsen, |
und ob sie einige | für einen Blumenstrauß |
pflücken sollte. | Das würde sicherlich |
großen Spaß machen.

Anzahl der Fehler im Diktat: 0–3 ☺☺ 4–6 ☺😐 7–9 😐☹ mehr als 10 ☹☹

1 Unterstreiche in den Sätzen alle Wörter mit **o** und **ö** gelb und alle Wörter mit **u** und **ü** grün. Unterstreiche nicht die Wörter „und“, „zu“ und „von“. Erinnere dich:

Aus **u** und **o** in der Einzahl wird oft **ü** und **ö** in der Mehrzahl.
Beispiel: das Huhn → die Hühner; der Wolf → die Wölfe

Manchmal wird das **o** oder **u** von Nomen zu **ö** oder **ü** bei abgeleiteten Wörtern. Beispiel: die Natur → natürlich; das Futter → füttern

Auch bei Steigerungsformen wird aus **o** oder **u** häufig **ö** oder **ü**.
Beispiel: groß → größer, jung → jünger

Achtung: Bei „suchten“, „bekommen“ und „sollten“ kann nicht von **o** zu **ö** oder **u** zu **ü** abgeleitet werden. Unterstreiche diese Wörter nicht.

2 Lass dir den Text diktieren. Du kannst aber auch über den Text ein Blatt Papier legen und ihn dann Stück für Stück aufdecken und abschreiben.

Die Natur der Wölfe |

Es war einmal | eine Gruppe | von Wölfen. |
Sie hatten | den Wunsch, | anders zu sein |
als die Wölfe | in Büchern. | Anstatt Würste |
aßen sie Brötchen. | Anstatt in Höhlen |
lebten sie | in Körbchen. | Anstatt Hühner |
zu jagen, | suchten sie Früchte | an Büschen. |
Ihre Mütter | und Brüder | fanden die Wünsche |
sehr dumm. | Aber wie sollten sie | diese Idee |
aus den Köpfen | der anderen bringen? |
Sie beschrieben | mit großen Worten, |
wie ein Wolf | natürlich lebt. | Sie legten ihnen |
die größte Wurst | vor die Füße. | Das genügte.

Ableiten: Umlaute o → ö, u → ü

Anzahl der Fehler im Diktat: 0–3 ☺☺ 4–6 ☺😐 7–9 😐☹ mehr als 10 ☹☹

1 Unterstreiche in den Sätzen alle Nomen mit **A/a** und **Ä/ä** gelb und alle Wörter mit **Au/au** und **Äu/äu** grün. Erinnere dich:

> Aus **A/a** und **Au/au** in der Einzahl wird oft **Ä/ä** und **Äu/äu** in der Mehrzahl. Beispiel: der **A**pfel → die **Ä**pfel; das Kr**au**t → die Kr**äu**ter

2 Lass dir den Text diktieren. Du kannst aber auch über den Text ein Blatt Papier legen und ihn dann Stück für Stück aufdecken und abschreiben.

Die Legende | der Kräuter-Männer |

In manchen Nächten | sieht man angeblich |
Männer in Mänteln | in unseren Gärten. |
Sie stehen | unter den Bäumen | und neben |
den Sträuchern. | In ihren Händen | halten sie |
Gräser und Kräuter. | Kommt man | in der Nacht |
auf dem Weg | zu unseren Häusern |
an solchen Plätzen vorbei, | pusten sie einen |
durch die Sträuße an. | Dann wird man |
so müde, | dass man sofort | einschlafen kann – |
auf Bänken | oder egal | in welchen Räumen. |
So erzählen es | zumindest unsere Väter |
und lachen dann.

Ableiten: Nomen, Umlaute A/a → Ä/ä, Au/au → Äu/äu

Anzahl der Fehler im Diktat: 0–3 ☺☺ 4–6 ☺😐 7–9 😐☹ mehr als 10 ☹☹

1 Unterstreiche in den Sätzen alle Wörter mit **A/a** und **Ä/ä** gelb und alle Wörter mit **Au/au** und **Äu/äu** grün. Erinnere dich:

Aus **A/a** und **Au/au** in der Einzahl wird oft **Ä/ä** und **Äu/äu** in der Mehrzahl. Beispiel: der **A**pfel → die **Ä**pfel; das Kr**au**t → die Kr**äu**ter

Bei Verben wird aus **a** in der Grundform oft **ä** in der du-Form und in der er-Form. Beispiel: tr**a**gen → du tr**ä**gst → er tr**ä**gt

Bei Steigerungsformen wird aus **a** häufig **ä**. Beispiel: h**a**rt → h**ä**rter.
Bei **au** aber nicht. Beispiel: **laut** → **lau**ter

Achtung: Bei „als", „auf", „das", „dann" und „gemeinsam" kann nicht von **a** zu **ä** oder **au** zu **äu** abgeleitet werden.
Unterstreiche diese Wörter nicht.

2 Lass dir den Text diktieren. Du kannst aber auch über den Text ein Blatt Papier legen und ihn dann Stück für Stück aufdecken und abschreiben.

Der Unfall |

In der Waldstraße | sieht Jule | ein Kind vor sich |
auf dem Weg | zur Schule. | Der Junge |
ist etwas älter | als Jule. | Er trägt |
eine warme Jacke | und fährt schnell |
auf einem alten Fahrrad. | Auf einmal | fällt er |
auf die Straße! | Ein Mann | läuft erst vorbei, |
hält an | und hilft. | Gemeinsam tragen sie |
das Rad | auf den Grasstreifen. | Dann hält |
der Mann | dem Jungen | die Hand hin, |
betrachtet seine dreckige Jacke |
und meint lächelnd: | „Das lässt sich | zu Hause |
wieder waschen."

Ableiten: Gemischte Wortarten, Umlaute A/a → Ä/ä, Au/au → Äu/äu

Anzahl der Fehler im Diktat: 0–3 ☺☺ 4–6 ☺😐 7–9 😐☹ mehr als 10 ☹☹

1 Unterstreiche in den Sätzen alle Nomen mit **-chen** und **-lein**. Erinnere dich:

Verkleinerungsformen können aus allen Nomen gebildet werden. Dafür wird an das Wort die Silbe **-chen** oder **-lein** angehängt. Außerdem verändert sich dabei der Stammvokal: Aus **a** wird **ä**, aus **o** wird **ö**, aus **u** wird **ü** und aus **au** wird **äu**. Beispiel: Mann → Männchen, Männlein; Dose → Döschen, Döslein; Bus → Büschen, Büslein; Haus → Häuschen, Häuslein

2 Lass dir den Text diktieren. Du kannst aber auch über den Text ein Blatt Papier legen und ihn dann Stück für Stück aufdecken und abschreiben.

Das erste Treffen |

Auf dem Bänkchen | sitzt ein neues Mädchen. |
Ihr Brüderchen | sitzt im Sandkasten |
mit einem Eimerchen | und einem Schäufelchen |
und gräbt. | Das Mädchen | hat ein Büchlein dabei. |
Mara setzt sich daneben | und schaut |
neugierig hinein. | Darin sind | kleine Bildchen |
mit Häslein, | Schäfchen und Kälbchen. |
Mara holt ihr Essen | aus ihrem Döschen. |
„Käsebällchen?“, | fragt sie das Mädchen. |
„Brötchen?“, | fragt es zurück | und holt eines |
aus ihrer Tasche. | Beide lachen |
und ihre Äuglein strahlen.

Verkleinerungsform: -chen und -lein

Anzahl der Fehler im Diktat: 0–3 ☺ ☺ 4–6 ☺ 😐 7–9 😐 ☹ mehr als 10 ☹ ☹

1 Unterstreiche in den Sätzen alle Wörter mit **i** gelb und alle Wörter mit **ie** grün. Unterstreiche keine Wörter mit ei. Erinnere dich:

Kommt in der ersten Silbe nach dem Vokal noch mindestens ein weiterer Buchstabe, dann wird das Wort mit **i** geschrieben, Beispiel: **Bil-der**.
Kommt in der ersten Silbe nach dem Vokal kein weiterer Buchstabe, dann wird das Wort mit **ie** geschrieben. Beispiel: **Zie-ge**.
Bei einsilbigen Wörtern hilft es dir, wenn du ein verwandtes zweisilbiges Wort findest. Beispiel: das T?r → die **Tie-re** → das **Tier**

2 Lass dir den Text diktieren. Du kannst aber auch über den Text ein Blatt Papier legen und ihn dann Stück für Stück aufdecken und abschreiben.

Brieffreunde |

Mein Opa | hatte ein Patenkind | in Togo. |
Er schrieb ihm viel: | von seinen Zwiebeln |
im Garten, | den Bienen und Fliegen |
und anderen Insekten dort | oder auch |
von anderen Tieren, | die ihm |
auf seinen Spaziergängen |
über den Weg liefen. | Manchmal schickte er |
auch Bilder. | Sein Patenkind, | es hieß Lanre, |
schrieb ihm auch: | von sieben Ziegen, |
seiner Freundin, | was er gern spielte |
oder wie heiß es | im Frühling schon war. |
Opa blieb mit Lanre | in Kontakt | und besuchte |
ihn sogar | einmal in Togo.

Wörter mit i und ie

Anzahl der Fehler im Diktat: 0–3 ☺☺ 4–6 ☺😐 7–9 😐☹ mehr als 10 ☹☹

1 Unterstreiche in den Sätzen alle Wörter mit **i** bei einer offenen Silbe. Unterstreiche keine Wörter mit ie oder ei. Erinnere dich:

Einige Wörter mit langem **i** schreibt man nur mit **i**. Wörter mit **i** bei einer offenen Silbe kommen oft aus einer anderen Sprache. Du musst sie dir merken, da es keine Regeln für sie gibt. Beispiel: der Biber

2 Lass dir den Text diktieren. Du kannst aber auch über den Text ein Blatt Papier legen und ihn dann Stück für Stück aufdecken und abschreiben.

Urlaub zu Hause |

Es ist Juli | und wir | haben Sommerferien. |
Meine Familie | bleibt dieses Jahr | zu Hause. |
In der Nähe | gibt es aber | einen Tierpark. |
Dort leben | Igel aus Afrika, | Giraffen, | Krokodile, |
Biber, | Libellen, | Tiger, | Affen | und Tapire |
aus Südamerika | und viele | andere Tiere. |
Zum Mittagessen | holen wir Pizza | und dazu |
kaufen wir | einen Liter Limo. | Das Radio läuft |
und wir planen bald | einen Besuch | des Kinos |
am See. | Ich genieße | jede Minute.

Fremdwörter / Merkwörter mit i

Anzahl der Fehler im Diktat: 0–3 ☺☺ 4–6 ☺😐 7–9 😐☹ mehr als 10 ☹☹

1 Unterstreiche in den Sätzen alle Wörter mit **(vokalisiertem) r**.
Erinnere dich:

Ein **vokalisiertes r** kommt nur entweder nach einem lang gesprochenen Vokal oder am Wortende als -er/-ert/-ern/-rst-Endung vor. Beispiel: Durst

2 Lass dir den Text diktieren. Du kannst aber auch über den Text ein Blatt Papier legen und ihn dann Stück für Stück aufdecken und abschreiben.

Der kleine Gärtner |

Als Timon | aus der Schule kommt, |
erschrecken seine Eltern. | Seine Schuhe |
sind voller Erde | und seine Arme |
haben die Farbe | von Erbsen | und Erdbeeren. |
Begeistert erzählt | ihr Sohn: | „Meine Klasse |
war nach der Sportstunde | im Schulgarten. |
Immer vier Kinder | haben zusammen |
Unkraut zwischen den Birnbäumen |
und Kirschbäumen entfernt.“ | Seine Eltern |
sagen ihm, | dass er morgen auch |
in ihrem Garten | helfen darf. | „Wenn es dir |
so viel Spaß macht. | Aber mach dich |
bitte sauber, | bevor du | wieder hineingehst.“

Wörter mit vokalisiertem r

Anzahl der Fehler im Diktat: 0–3 ☺☺ 4–6 ☺😐 7–9 😐☹ mehr als 10 ☹☹

1 Unterstreiche in den Sätzen alle Wörter mit **V/v**. Erinnere dich:

Die Wörter **Vogel** und **Vase** werden zwar beide mit **V** geschrieben, aber das **V** wird unterschiedlich ausgesprochen. Darum musst du dir die Wörter mit **V/v** merken. Beispiel: der **V**ogel, jedoch der **V**ulkan

2 Lass dir den Text diktieren. Du kannst aber auch über den Text ein Blatt Papier legen und ihn dann Stück für Stück aufdecken und abschreiben.

Karneval |

Wir feiern Karneval | in der Schule. |
Unsere Lehrerin | hat sich dafür |
als Detektivin verkleidet. | Im Flur sieht man |
viele verschiedene Verkleidungen: | Prinzen, |
Vampire, | Dinos, | Vulkanforscher, |
Klavierspieler, | Vögel, | und ein Kind | ist sogar |
als ein Verkehrshütchen verkleidet. |
Am besten | gefällt mir aber | das Kostüm |
unseres Hausmeisters. | Er sagt, | er hätte sich |
als Vater verkleidet. | Dann hält er sich |
den Bauch vor Lachen, | denn er sieht aus |
wie immer.

Wörter mit V/v

Anzahl der Fehler im Diktat: 0–3 ☺ ☺ 4–6 ☺ 😐 7–9 😐 ☹ mehr als 10 ☹ ☹

1 Unterstreiche in den Sätzen alle Wörter mit **x** gelb, alle Wörter mit **chs** grün und alle Wörter mit **ks** rot. Erinnere dich:

Es gibt Laute, die zwar gleich gesprochen werden, aber unterschiedlich geschrieben werden. Das gilt zum Beispiel auch für **x**, **chs** und **ks**.
Merke dir, welche Wörter du mit **x**, **chs** oder **ks** schreiben musst.
Beispiel: der Te**x**t, der Fu**chs**, lin**ks**

2 Lass dir den Text diktieren. Du kannst aber auch über den Text ein Blatt Papier legen und ihn dann Stück für Stück aufdecken und abschreiben.

In der Hexenküche |

Eine Hexe | findet ein Rezept | für Kekse |
in ihrem Lexikon. | Im Text steht: |
Man nehme | sechs Dachsfedern, |
einen ganzen Lachs | mit etwas Wachs, |
Fell vom Ochsen | und Luchsmilch. |
Mixe alles | mit der Axt | und rühre den Teig |
dreimal links herum | und einmal |
rechts herum. | Backe dann alles | im Ofen |
auf sechshundert Grad | und bringe die Kekse |
mit dem Taxi | zur Nixe. |
Die Hexe | kennt jedoch | keine Nixe | und macht |
stattdessen lieber | einen falschen Fuchs |
zum Mittag.

Wörter mit x/chs/ks

Anzahl der Fehler im Diktat: 0–3 ☺ ☺ 4–6 ☺ 😐 7–9 😐 ☹ mehr als 10 ☹ ☹

1 Unterstreiche in den Sätzen alle Wörter mit **Dehnungs-h**. Unterstreiche keine Wörter mit ch. Erinnere dich:

Das **Dehnungs-h** tritt nur nach langem Vokal auf und steht meistens vor l, m, n oder r. Beispiel: das Jahr, erzählen, zehn

2 Lass dir den Text diktieren. Du kannst aber auch über den Text ein Blatt Papier legen und ihn dann Stück für Stück aufdecken und abschreiben.

Das erste Eis |

Wie jedes Jahr | freut sich | Mama Marion sehr |
über den ersten | warmen Frühlingstag. |
Dann fährt sie | mit ihren Söhnen |
auf Fahrrädern | zur alten Mühle. |
Dort essen sie gefühlt | zehn Kugeln Eis, |
bis es ihnen | aus den Ohren |
wieder herauskommt | und ihnen schon fast |
die Zähne schmerzen. | Nachdem sie |
bezahlt haben, | rasen sie | auf den Rädern |
im Kampf | gegen die Uhr zurück |
und erzählen sich | dabei Witze, | bis alle lachen |
wie die Hühner.

Wörter mit Dehnungs-h/stummem h

Anzahl der Fehler im Diktat: 0–3 ☺☺ 4–6 ☺😐 7–9 😐☹ mehr als 10 ☹☹

1 Unterstreiche in den Sätzen alle Wörter mit **Y/y**. Erinnere dich:

Es gibt Laute, die zwar unterschiedlich gesprochen werden, aber gleich geschrieben werden. Das gilt zum Beispiel auch für **Y/y**. Merke dir, welche Wörter du mit **Y/y** schreiben musst. Beispiel:

y → gesprochen wie i: das Bab**y**

y → gesprochen wie ü: der Z**y**linder, die P**y**ramide

Y → gesprochen wie J: die **Y**acht

2 Lass dir den Text diktieren. Du kannst aber auch über den Text ein Blatt Papier legen und ihn dann Stück für Stück aufdecken und abschreiben.

Die verwirrende Nachricht |

Eines Tages | kommt eine Nachricht | von Timo |
auf Mirkos Handy an. | Die Nachricht ist nur |
das Bild | eines Ponys, | einer Yacht, |
eines Zylinders, | dann eines Feuerwerks |
und danach | das Bild | von einem Teddy. |
Was will Timo | ihm damit sagen? | Bekommt er |
ein Pony geschenkt, | weil seine Familie |
reich geworden ist, | er ab sofort |
auf einer Yacht lebt | und dies feiern möchte? |
Nein, | Timos kleine Schwester | hat den Unsinn |
auf dem Handy getippt. | Sie ist fast noch |
ein Baby.

Wörter mit Y/y

Anzahl der Fehler im Diktat: 0–3 ☺☺ 4–6 ☺😐 7–9 😐☹ mehr als 10 ☹☹

1 Unterstreiche in den Sätzen alle Wörter mit **Doppelvokal**. Erinnere dich:

Es gibt nur wenige Wörter mit **Doppelvokalen**. Merke sie dir.
Beispiel: der T**ee**

2 Lass dir den Text diktieren. Du kannst aber auch über den Text ein Blatt Papier legen und ihn dann Stück für Stück aufdecken und abschreiben.

Hugos erste Beere |

Hugo war ein Hase. | Er lebte | in der Nähe |
eines Moors | bei einem See. | Zu essen gab es |
meistens nur | Klee oder Moos | und Hugo |
fand das doof. | Eines Tages | sah Hugo |
ein neues Haus | für Menschen. | Sie hatten |
es gebaut, | als die Hasenfamilie | wegen Schnee |
in ihrem Bau | bleiben musste. | Bei dem Haus |
gab es viele Beete | mit frischem Saatgut darin. |
In einem Beet | roch es | wunderbar süß. |
Hugo knabberte | dort glücklich |
an der ersten Erdbeere | seines Lebens.

Anzahl der Fehler im Diktat: 0–3 ☺☺ 4–6 ☺😐 7–9 😐☹ mehr als 10 ☹☹

1 Unterstreiche in den Sätzen alle Wörter mit **Eu/eu**. Erinnere dich:

Ob ein Wort mit **Eu/eu** oder **Äu/äu** geschrieben wird, erkennst du durch das Ableiten von einem verwandten Wort: Ein Wort wird also mit **Eu/eu** geschrieben, wenn es noch ein weiteres verwandtes Wort mit **Eu/eu** gibt. Beispiel: fr?ndlich → der Freund → freundlich

2 Lass dir den Text diktieren. Du kannst aber auch über den Text ein Blatt Papier legen und ihn dann Stück für Stück aufdecken und abschreiben.

Silas erzählt vom Euro |

Silas muss heute | im Fach Deutsch |
einen Vortrag | über den Euro halten. |
Silas ist sich | nicht sicher, | ob ihm dies |
Freude machen wird. | Andere haben |
tolle Themen: | die Feuerwehr, | das Ungeheuer |
von Loch Ness | oder Eulen. | Jetzt ist es |
neun Uhr. | Es geht los. | Seine Freundin Erika |
schaut ihn neugierig an. | Silas holt tief Luft |
und fängt an: | „Ich will euch | heute etwas über |
die gemeinsame | Währung Europas, | den Euro, |
erzählen."

Anzahl der Fehler im Diktat: 0–3 ☺☺ 4–6 ☺😐 7–9 😐☹ mehr als 10 ☹☹

1 Unterstreiche in den Sätzen alle Wörter mit den folgenden **Vorsilben**:

Vor-/vor- (2x) und **Ver-/ver-** (11x)
Präge dir diese **Vorsilben** ein, denn sie begegnen dir häufig.
Beispiel: die **Vor**sicht, **vor**tragen, der **Ver**kehr, **ver**sprechen

2 Lass dir den Text diktieren. Du kannst aber auch über den Text ein Blatt Papier legen und ihn dann Stück für Stück aufdecken und abschreiben.

Marie und Elif |

Maries beste Freundin Elif | ist verreist |
und wohnt gerade | bei einer Verwandten |
in Ankara, | deren Vorname | Marie leider |
vergessen hat. | Sie vermisst Elif | wie verrückt. |
Die Menge | der Sprachnachrichten, |
die sich | die Mädchen schicken, |
hat sich verdoppelt. | Elif erzählt Marie |
vom Verkehr | auf den Straßen | in Ankara. |
Sie verrät, | wie sich ihr Vater | verfahren hat, |
nachdem ihre Tante | versucht hatte, |
ihm den richtigen Weg | zu erklären. |
Sie verspricht Marie, | sich morgen Vormittag |
wieder zu melden.

Wörter mit Vorsilben

Anzahl der Fehler im Diktat: 0–3 ☺☺ 4–6 ☺😐 7–9 😐☹ mehr als 10 ☹☹

1 Unterstreiche in den Sätzen alle Wörter mit den folgenden **Vorsilben**:

An- (1x) **Be-/be-** (7x), **auf-** (1x), **Ge-/ge-** (8x), **un-** (1x), **ver-** (1x)
Präge dir diese **Vorsilben** ein, denn sie begegnen dir häufig.
Beispiel: das **Geschenk**, **gesund**

2 Lass dir den Text diktieren. Du kannst aber auch über den Text ein Blatt Papier legen und ihn dann Stück für Stück aufdecken und abschreiben.

Tante Defnes Geschenk |

Soll ich dir | ein Geheimnis verraten? |
Meine Tante Defne | hat meiner Freundin Marie |
ein Geschenk gekauft. | In einem Geschäft |
für tollen Schmuck | hatte ich schnell |
einen Anhänger bemerkt, | der bei jeder |
kleinen Bewegung aufblitzte. | Das war ganz |
nach Maries Geschmack! | Als ich dann |
bezahlen wollte, | hat meine Tante gemeint, |
dass es ihr | viel bedeuten würde, | wenn sie |
den Betrag | begleichen dürfe. | Mein Gesicht |
zeigte meiner Tante, | wie ungeheuer viel |
mir das bedeutet.

Anzahl der Fehler im Diktat: 0–3 ☺ ☺ 4–6 ☺ 😐 7–9 😐 ☹ mehr als 10 ☹ ☹

1 Unterstreiche in den Sätzen alle **unregelmäßigen Verben**. Nutze die folgenden Grundformen dieser Verben als Unterstützung:

haben, sein, heißen, geben, bringen, bleiben, gehen, rufen, finden, sitzen, fressen, trinken, fahren, verbinden, geben, können

2 Lass dir den Text diktieren. Du kannst aber auch über den Text ein Blatt Papier legen und ihn dann Stück für Stück aufdecken und abschreiben.

Rabe Odin |

Frida hatte einen Raben | in der Nachbarschaft, |
der ihr Freund war. | Er hieß Odin. | Sie gab |
ihm Essen. | Dafür brachte er ihr |
manchmal Dinge, | wie zum Beispiel |
Schrauben oder Knöpfe. | Eines Tages |
blieb Odin aber fort. | Frida ging ihn suchen |
und rief nach ihm. | Sie fand Odin verletzt, |
wie er | unter einem Busch saß. | Gierig fraß er |
kleine Nüsse | und trank | etwas Wasser. |
Dann fuhr sie | mit ihm zum Tierarzt. |
Der Arzt | verband den Flügel | und gab ihr Tipps, |
wie sie | ihn pflegen konnte.

Anzahl der Fehler im Diktat: 0–3 ☺ ☺ 4–6 ☺ 😐 7–9 😐 ☹ mehr als 10 ☹ ☹

Schwierige Wörter

Die folgenden Wörter darfst du bei den Diktaten als Hilfe benutzen.

Text	Seite	Wörter
Die Feder des Raben	4	Borat, nebenan
Das Kinderfest	6	Festbühne, Goldkette, Laugenbrezeln
Im Zoo	8	Nele, Jan, fabelhaft
Kira im Campingsee	10	Kira, Campingsee, Schlafsäcke, hineinfallen
Der Einkauf	12	Mittwochmittag
Dick eingepackt	14	Mila, Puderzucker, Tatzen
Große Pause	16	Herr Pfeffer, Hüpfball, Bruno, Lena, Amari, Nutzpflanzen
Fehlalarm	18	Fehlalarm, hochroten (hochrot), beichten, pürierten (pürieren, püriert)
Der Sternenflug der Spinne	20	Sternenflug, Achterbahn, Stefan, Blumensträuße, Weltraumspinne
Spieleabend	22	Monika, Udo, Küchenbank, Kakao, Anglerspiel, Finger-Fußball
Ein Märchen	24	Nachthemd, wunderbare (wunderbar)
Frau Rose	26	Frau Rose, Daniel, allwissend
Die Verwechslung	28	Verwechslung, Hugo, Luna
Die Wanderung	30	Kim, mittlerweile, Blumenstrauß
Die Natur der Wölfe	32	anstatt
Die Legende der Kräuter-Männer	34	Legende, Kräuter-Männer, angeblich, zumindest
Der Unfall	36	Waldstraße, Grasstreifen
Das erste Treffen	38	Mara, neugierig, Käsebällchen, strahlen
Brieffreunde	40	Brieffreunde, Patenkind, Togo, Insekten, Lanre
Urlaub zu Hause	42	Sommerferien, Tapire, Südamerika
Der kleine Gärtner	44	Timon, hineingehst (hineingehen)
Karneval	46	Karneval (auch Fastnacht, Fassenacht, Fasnacht, Fasnet, Fasend, Fasching, Fasstabend, Fastelovend, Fasteleer oder fünfte Jahreszeit genannt), Detektivin, Vulkanforscher, Verkehrshütchen, Kostüm
In der Hexenküche	48	Dachsfedern, Luchsmilch, sechshundert, stattdessen
Das erste Eis	50	Marion, Frühlingstag, herauskommt (herauskommen)
Die verwirrende Nachricht	52	verwirrende (verwirren, verwirrend), Timo, Mirkos (Mirko)
Hugos erste Beere	54	Hugo, Hasenfamilie, Saatgut, wunderbar
Silas erzählt vom Euro	56	Silas, das Ungeheuer von Loch Ness, Erika, Währung
Marie und Elif	58	Marie, Elif, Ankara, Sprachnachrichten, verdoppelt (verdoppeln)
Tante Defnes Geschenk	60	Defne, Marie
Rabe Odin	62	Odin, Frida, Nachbarschaft